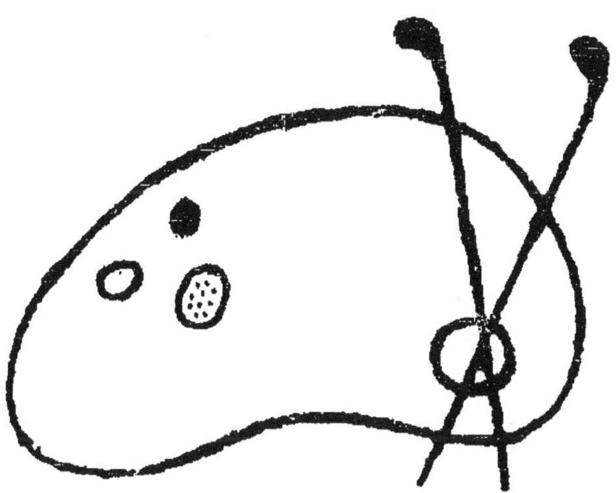

Début d'une série de documents
en couleur

AUGUSTE CHAUVIGNÉ

—

... T DURÉE

... E TOURS

MÉMOIRE PRÉSENTÉ AU CONGRÈS DES SOCIÉTÉS SAVANTES
DE LA SORBONNE EN 1885

———

*Réponse à la 6ᵉ question du programme de la section d'histoire
et de philologie*

TOURS

IMPRIMERIE BARBOT-BERRUER

2, RUE SAINT-MARTIN, 2

1885

AUGUSTE CHAUVIGNÉ

ORIGINE

IMPORTANCE ET DURÉE

DES

ANCIENNES FOIRES DE TOURS

MÉMOIRE PRÉSENTÉ AU CONGRÈS DES SOCIÉTÉS SAVANTES
DE LA SORBONNE EN 1885

---

*Réponse à la 6ᵉ question du programme de la section d'histoire
et de philologie*

TOURS

IMPRIMERIE BARBOT-BERRUER

2, RUE SAINT-MARTIN, 2

1885

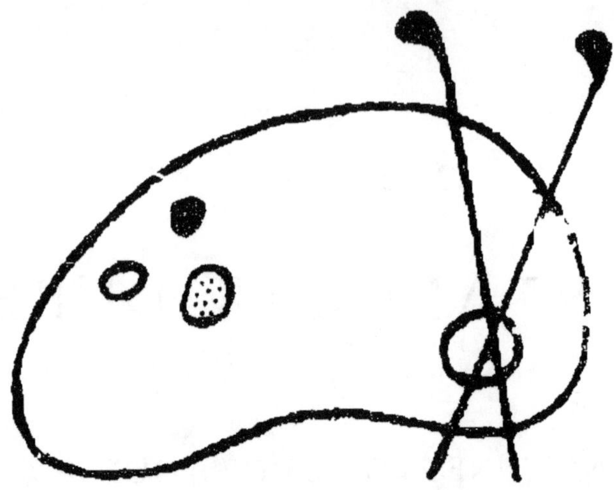

Fin d'une série de documents
en couleur

ORIGINE

IMPORTANCE ET DURÉE

DES

ANCIENNES FOIRES DE TOURS

Orléans et Nantes, elle se trouve ainsi sur la grande ligne de communication entre le Midi et l'Ouest, entre la Méditerranée et l'Océan.

La conquête romaine apporta une nouvelle amélioration dans la facilité des communications, en créant le système des grands chemins, les voies romaines, qui relièrent entre elles les principales villes de la Gaule et qui permirent aux marchands de transporter d'un fleuve à un autre, et quelquefois même de ville à ville, leurs lourds chariots chargés de marchandises.

Tours, sous ce rapport, occupe encore une situation favorable : des voies romaines en effet viennent s'y concentrer de toutes les directions.

Les savants travaux de M. l'abbé Bourassé sur *Les voies Romaines en Touraine* (1) nous précisent les points d'arrivée de ces différentes routes. La voie, citée souvent par Grégoire de Tours, venant de Lyon par Avaricun des Bituriges, celle du centre par Augustoritum (Limoges), celle d'Espagne par Limonum (Poitiers), celle de Portus Namnetum au sud de la Loire par Caïno (Chinon), enfin au nord du fleuve nous trouvons la grande voie venant de Lutèce par Génabum (Orléans), celle de Subdinum (Le Mans), et enfin la voie de Bretagne par Juliomagus (Angers).

Telles sont donc les deux conditions principales nécessaires au commerce de ces temps reculés. Le transport par eau sur les fleuves et rivières et le transport par terre sur les voies romaines. Tours les remplit toutes deux ; aussi ne sommes-nous pas surpris de voir notre ville devenir un centre fréquenté de transactions et prendre une importance assez considérable pour être choisie par les Romains comme métropole d'une de leurs grandes provinces, qui comprenait, outre les villes d'Angers et du Mans, les neuf cités d'Armorique, Nantes, Rennes, Vannes, Quimper, Léon, Tréguier, Dol, Saint-Malo et Saint-Brieuc (2). Cent trente ans après Jésus-Christ, Ptolémée est le premier écrivain qui ait mentionné la ville de Tours sous le nom de *Cæsarodunum,* mais sans aucun détail, et sans nous apprendre quelle pouvait en être l'importance et l'étendue (3).

(1) L'abbé Bourassé, *Essai sur les voies romaines en Touraine,* Mémoires de la Société archéologique de Touraine, tome XIII, p. 57.

(2) Rapport présenté à l'intendant Savalette de Magnanville, archives d'Indre-et-Loire, série C, liasse 144.

(3) Bibliothèque municipale de Tours, manuscrit 1232, fonds Salmon, p. 22.

ORIGINE

IMPORTANCE ET DURÉE

ANCIENNES FOIRES DE TOURS

« La Gaule, a dit Strabon, le plus grand géographe de l'antiquité, est surtout remarquable par l'harmonie qui règne dans le système de ses cours d'eau et dans la disposition des deux mers qui la baignent (1). » C'est en effet à cette heureuse disposition de la nature qu'elle doit d'avoir été de bonne heure sillonnée en tous sens par des convois de marchandises fort diverses, qui en firent un centre important de transactions commerciales.

Mais, chose bizarre, les habitants de ce pays privilégié ne semblent pas vouloir profiter de leurs avantages naturels, et le commerce reste, pendant plusieurs siècles, presque complètement entre les mains des étrangers, des Phéniciens, des Grecs, des Romains, et enfin plus tard des Juifs. La période active et véritablement nationale ne se révèle que vers le XVᵉ siècle sous l'impulsion vigoureuse donnée par Jacques Cœur (2).

Les fleuves et les rivières furent donc les premiers moyens naturels de transport qui s'offrirent au commerce et la province de Touraine occupe dans ces conditions une situation tout exceptionnelle.

Placée dans la partie inférieure du cours de la Loire, entre

(1) Strabon, liv. IV, chap. 1, paragr. 2 et 14.
(2) Pigeonneau, *Histoire du commerce de la France*, 1ʳᵉ partie, p. 2.

AUGUSTE CHAUVIGNÉ

ORIGINE

IMPORTANCE ET DURÉE

DES

ANCIENNES FOIRES DE TOURS

MÉMOIRE PRÉSENTÉ AU CONGRÈS DES SOCIÉTÉS SAVANTES
DE LA SORBONNE EN 1885

---

*Réponse à la 6ᵉ question du programme de la section d'histoire
et de philologie*

TOURS

IMPRIMERIE BARBOT-BERRUER

2, RUE SAINT-MARTIN, 2

1885

Il est difficile, en dehors des renseignements généraux, de préciser l'origine des foires et marchés de Tours. Les documents écrits manquent et si Grégoire de Tours n'en parlait pas quelque peu et très superficiellement, nous serions sur ce point d'une pauvreté complète.

Nous sommes donc obligé de recourir aux ouvrages modernes, qui ont traité cette question au point de vue national, heureux encore d'y rencontrer, de loin en loin, quelques détails intéressants.

Un ouvrage récent, l'*Histoire du commerce de la France*, par Pigeonneau, travail d'érudition et de patientes recherches, fournit une idée fort juste et aussi vraie que possible des origines du commerce français; nous y avons puisé relativement à cette période primitive de nombreux détails concernant notre province.

Aucune tradition, aucun document écrit ne nous permet de rien affirmer sur cette question; mais il demeure assuré, cependant en rapprochant certains faits, qu'à une époque très reculée il existait un véritable commerce entre les diverses parties de la Gaule et la région qui fut plus tard la province de Touraine (1).

Les marchands du Midi trafiquaient sur les productions de leur pays, la laine des troupeaux, les minerais de plomb argentifère des Cévennes, la poudre d'or extraite des sables des rivières qui se jettent dans la Méditerranée, étaient apportés en remontant les fleuves jusque dans le nord de la Gaule et jusqu'aux ports de l'Atlantique.

Ils venaient également, en passant par Tours, échanger aux tribus ibériques les produits de leur trafic avec l'Orient, les armes, les vases de bronze, les bijoux d'or et d'ivoire, les perles de verre, les étoffes, les poteries fabriquées à Sidon, à Tyr et à Sarepta (2).

Les marchands qui se servaient de la Loire pour transporter leurs marchandises, devenant de plus en plus nombreux, éprouvèrent d'eux-mêmes la nécessité d'une entente mutuelle. Plusieurs communautés se formèrent, vécurent côte à côte pendant longtemps, puis finirent, au XIVᵉ siècle, par former cette puissance commerciale connue sous le nom de « Communauté des marchands fréquentant la rivière de Loire. »

(1) M. de Nadaillac, *les Premiers hommes et les temps préhistoriques*, tome II, p. 183-189.

(2) Pigeonneau, *Histoire du commerce de la France*, 1ʳᵉ partie, p. 6.

Le siège principal était à Orléans, avec des stations sur le cours du fleuve et notamment à Tours.

Étant donné le caractère naturellement nomade du marchand de cette époque, que l'on voit passant sa vie à errer sur les routes, avec de longues files de chariots ou de bêtes de somme, ou suivre lentement le cours des rivières avec ses bateaux, il est aisé de se figurer le peu de fixité des relations commerciales. Allant de ville en ville, de marché en marché, nous voyons les marchands rechercher, pour s'assembler, les jours de fêtes religieuses, où le peuple inoccupé se réunit plus facilement, et former ainsi de véritables foires, dont celles que nous voyons de nos jours ne sont que la tradition (1).

Ces systèmes de transactions et de moyens de transport subsistèrent longtemps, et au VI° siècle, sur les voies romaines entretenues par les Mérovingiens, circulaient encore, avec leurs attelages de bœufs ou de chevaux, les lourds chariots qui servaient au transport des marchandises et des voyageurs (2).

L'activité commerciale qui régnait à Tours devait donner une importance considérable aux marchés et aux foires qui s'y tenaient.

Le nom de *Nundinæ regiæ* qu'on retrouve dans divers titres prouve l'existence de ces assemblées, ainsi que leur durée, qui était habituellement de neuf jours (3).

Un capitulaire de 805 reproduit en partie dans l'*Histoire du commerce français* (4) nous apprend qu'à cette époque la fabrication des draps de Tours, qui devait avoir au XV° siècle et au XVI° tant d'importance, était déjà renommée et faisait l'objet, avec ceux d'Arles et de Lyon, d'un commerce important avec la Germanie et l'Angleterre.

Les marchandises étaient apportées sur le lieu des foires et marchés permanents ou périodiques ; le marchand les étalait sur l'emplacement qu'il occupait et devait payer les droits de tonlieu, d'étalage, de mesurage, de pesage, qui variaient selon les marchandises

(1) Pigeonneau, *Histoire du commerce de la France*, Ire partie, p. 20.

(2) Grégoire de Tours, *Histoire ecclésiastique des Francs*, IX, 9.

(3) *Établissement des foires dans la ville de Tours,* Rapport de l'intendant, archives départementales, série C, liasse 144.

(4) Pigeonneau, *Histoire du commerce français*, Ire partie, p. 72.

et la qualité du marchand (1). Les commerçants étaient encore soumis à des droits non moins onéreux.

Les seigneurs, selon leur puissance, étendaient leur lourde main sur la rivière qui passait au pied de leur forteresse et ne laissaient passer les marchands qu'après leur avoir fait acquitter le droit de péage.

Un édit de 1568 déclara que le nombre des péagers de la Loire dépassait deux cents.

Il y en avait en Touraine un certain nombre dont les principaux sont ceux de Beaugency, appartenant au chapitre de Saint-Martin de Tours, Chaumont, Amboise, Rochecorbon, Tours, Maillé, Pont-Cher, Langeais, Saint-Michel-sur-Loire, l'Ablevoie, Chouzé, Mont-soreau (2).

La situation du péage de Tours nous est fournie par un titre de 1143. Il était placé sur la rive droite à Saint-Cyr-lez-Tours, s'exerçait sur toutes les marchandises sans distinction en tout temps et au profit du roi et du chapitre de Saint-Martin de Tours. Au XVIe siècle la dame de Saint-Blançay devient propriétaire du péage de Tours par cession du roi, et enfin en 1628, les droits du même péage sont partagés par l'archevêque de Tours, le chapitre de Saint-Martin et le sire de Bueil (3).

Pendant tout le moyen âge les foires et les marchés de Tours deviennent très fréquentés et nous sommes heureux de saisir au passage le témoignage de M. Pigeonneau, qui cite Tours, entre autres villes de France, comme étant l'un des principaux centres d'expédition et de consommation (4).

Des foires et marchés existaient donc à Tours pendant cette période, résultat de l'initiative des marchands, pendant que des foires créées par le roi se tenaient à Saint-Denis, à Provins, en Champagne, en Brie et en Bretagne. Louis XI institua celles de Lyon, et peu de temps après, par lettres patentes données au Plessis-du-Parc

(1) Pigeonneau, *Histoire du commerce français*, 1re partie, p. 99.

(2) L'abbé Chevalier, *la Navigation commerciale de la Loire du* XVe *et du* XVIe *siècle.* — *Mémoires de la Société archéologique de Touraine*, tome XVII, p. 225; *Coutume de Touraine*, titre VIII.

(3) *Histoire de la communauté des marchands fréquentant la rivière de Loire*, par Mantellier, tome I, p. 444.

(4) Pigeonneau, *Histoire du commerce de la France*, 1re partie, p. 230.

au mois d'octobre 1480, il accorde des privilèges aux « maîtres ouvriers et compaignons besougnans de l'art et métier de faire draps d'or et de soie en la ville de Tours », qui nous révèlent pour la première fois l'existence des foires de Tours.

C'est d'ailleurs dans une charte de Charles VIII doanée à Saint-Just-lez-Lyon, au mois de mai 1497, que nous retrouvons ce passage intéressant :

« Nous plaît, que les maîtres drapiers soient francs, quittes et exempts de tous péages et impositions foraines pour raison des dits draps d'or et de soye par eulx faits…, qu'ils pourront mener et transporter au pays de Bretaigne ou hors de notre royaume, et de toutes autres choses qui touchent ie dit métier, et aussi les entrées des péages des soyes crues qu'ils achapteront ou feront achapter hors notre dit royaume pour employer par eulx au dict ouvraige de la dicte draperie de soye et non ailleurs le tout sans y commettre aucunes fraudes ou abus (1). »

Cette charte de Charles VIII fut confirmée en 1498 par Louis XII son successeur, et enfin, sur la demande du maire et des échevins de Tours, au mois d'août 1545. François Ier rend un édit, daté de Sénespont, portant création et établissement de deux foires franches par an en la ville de Tours, en considération de la fabrication considerable des draps d'or et de soie, et afin que le royaume en soit grandement fourni et pourvu (2).

Par cet édit, les marchands jouissaient des mêmes privilèges que ceux accordés aux foires de Lyon, de Champagne et de Brie.

Ces deux foires ouvraient l'une, la foire Saint-Christophe, le huitième jour de mars, l'autre, la foire Saint-Maurice, le quinzième jour de septembre ; la première se tenait sur la place qui a conservé de nos jours le nom de Foire-le-Roy, et que des titres anciens désignaient sous le nom de *Nundinæ Regiæ* (3).

La seconde, la foire Saint-Maurice, se tenait au carrefour des Arcis, près le cloître Saint-Gatien — Les deux foires dont nous venons de parler duraient quinze jours, étaient accessibles à tous

(1) Bibliothèque municipale de Tours. — Arrêts, édits, etc., 3º vol., pièce 60.
(2) *Ibid.*
(3) Archives d'Indre-et-Loire, mémoire sur l'*Établissement des foires dans la ville de Tours*, série C, liasse 144.

les marchands étrangers ou locaux et avaient pour spécialité, entre autres transactions, le commerce des cuirs pour la foire Saint-Christophe et celui des étoffes et de draps pour la foire Saint-Maurice.

Le bailly de Touraine ou son lieutenant était chargé du jugement des différents relatifs aux foires (1).

En dehors de ces deux foires franches, il existait deux grands marchés qui se tenaient le mercredi et le samedi sur la place du Grand-Marché de Tours, comme il est encore de coutume actuellement (2).

Il y avait encore d'autres emplacements, occupés par des marchands, qui nous sont indiqués par la pièce suivante : « Chascun jour marchié sur le pavé qui est devant Saint-Gatien, marchié qui est en la place qui est à l'ormeau Saint-Julien ; marchié à la Foire-le-Roy, près le pilori sur le pavé (3). »

Le chapitre de Saint-Martin devait aussi posséder le droit d'établir des foires dans son enceinte ; nous en retrouvons les traces dans un inventaire des titres du chapitre de Saint-Martin de l'année 1593 (4), où il est parlé de l'intention qu'avaient les échevins de faire bâtir des boutiques sur l'aire et place de Saint-Martin, où se tenaient deux foires et de l'opposition qu'y firent messieurs de Saint-Martin.

Dans le même inventaire, à la page 8, il est question d'un mémoire présenté par la ville en 1606, pour la création de deux nouvelles foires sur la place Saint-Étienne.

Le chapitre de Saint-Martin s'y opposa formellement, dans la crainte sans doute de voir s'établir une concurrence.

Le marchand forain, c'est-à-dire celui qui ne trafiquait que sur les marchés ou dans les foires, était l'objet d'une suspicion qui n'existait point pour le marchand de la ville, des concessions lui étaient rarement accordées, il n'avait point droit de bourgeoisie, l'entrée des corporations d'arts et métiers lui était interdite, à moins qu'il n'apportât un système nouveau de fabrication, ou qu'il travaillât pendant cinq ans chez le même maître.

<hr>

(1) Bibliothèque de Tours. — Édits, arrêts, etc., 3ᵉ vol., pièce 60.
(2) *Mémoire de la généralité de Touraine*, par de Miroménil, tome Iᵉʳ, p. 42.
(3) *Histoire de Tours*, par le docteur Giraudet, tome I, p. 305.
(4) Archives d'Indre-et-Loire, série G, 387, p. 5, n. 26.

L'institution des foires dont nous venons de parler dura un certain nombre d'années pendant lesquelles l'édit de François 1ᵉʳ fut confirmé, d'abord en 1552 par Henri II; en 1559 par François II; en 1568 par Charles IX; en 1575 par Henri III; enfin, en 1598 par Henri IV (1).

Pendant toute cette période les foires de Tours existèrent, et ne subirent d'interruptions que celles occasionnées par les troubles religieux, et ce n'est qu'en 1607 que le corps de ville de Tours, par délibération du 11 septembre, interdit les foires par mesure sanitaire, la ville étant en proie à une épidémie de peste (2). Cette circonstance malheureuse, qui se renouvela plusieurs fois dans les années qui suivirent, jointe aux dévastations de la guerre civile, ruina le commerce de la région en éloignant les marchands et en leur laissant perdre l'habitude de fréquenter les marchés de Tours.

Depuis cette époque, aucune pièce officielle ne vient rétablir les foires interrompues. Ce n'est qu'à l'assemblée du corps de ville du mois d'août 1770 que les échevins demandèrent le rétablissement des foires créées par François Iᵉʳ en 1545, comme étant le moyen le plus sûr de ramener le commerce et la prospérité dans la région (3).

La démarche des échevins n'aboutit pas tout de suite, et ce n'est qu'au mois de janvier 1782 que Louis XVI donne à Versailles des lettres patentes qui rétablissent les foires instituées par François Iᵉʳ, en y apportant quelques modifications (4).

La durée primitive, de quinze jours était réduite à huit jours ouvrables pleins et consécutifs non compris les deux jours d'arrivée et de départ; la date en était également changée : la première ouvrait le 25 avril, et la seconde le 10 août.

Les privilèges accordés étaient les suivants :

1° Les marchandises faites ou fabriquées à Tours, faubourgs et banlieues, pouvaient sortir, soit des fermes royales, soit du royaume, sans payer aucun droit de sortie.

La sortie devait avoir lieu dans un délai de deux mois sous peine de perte de l'exemption de l'impôt.

---

(1) Bibliothèque municipale de Tours. — Édits, arrêts, etc., tome III, pièce 60.
(2) *Ibid.*
(3) *Hist. de la mairie de Tours*, par de la Grandière, IIIᵉ vol., p. 84.
(4) Bibliothèque de Tours. — Arrêts, édits, etc., IIIᵉ vol., pièce 60.

2° Les franchises ci-dessus n'étaient accordées qu'aux marchandises voiturées ou transportées par les messageries royales.

3° Le maire et les échevins étaient chargés de l'organisation générale des foires.

A ce sujet, nous retrouvons dans les registres des délibérations de l'hôtel de ville de Tours, à la date du 11 mars 1782, l'enregistrement d'une délibération relative aux foires en exécution des lettres patentes du mois de janvier précédent (1).

Les foires devaient se tenir avec franchise et étalage. Les marchands y trouvaient une installation complète de magasins, boutiques et échopes.

Il y avait en outre des parcs pour les bestiaux et des endroits destinés au dépôt et à la vente des draps, toiles, épiceries, étoffes de soye, *soyes grèges ou écrues, clincailleries,* cuirs et autres marchandises.

En terminant, nous signalerons quelques chiffres qui donneront une idée de l'importance des foires et du commerce pendant le XVIIIe siècle.

Les draps, les étoffes et autres produits achetés dans l'Est et aux foires franches de Lyon étaient apportés à Tours pour y être teints, frisés et apprêtés avant leur départ pour les foires de Bretagne. Ce commerce peut être évalué à 800,000 livres par an.

Pour les cuirs les transactions s'élevaient à 300,000 livres.

Pour les soiries, elles dépassaient 4,000,000 de livres (2).

Le rétablissement des foires de Tours sur les nouvelles bases que nous avons indiquées, ne tarda pas à produire pour le commerce les résultats les plus avantageux. La situation de Tours, la création de routes la traversant en tous sens, l'industrie de ses habitants, et l'importante fabrication des étoffes et draps d'or et de soie qui, cependant, avait décliné beaucoup avec le XVIIIe siècle, donnaient l'espoir de voir la ville devenir un centre important de transactions et de débouchés. Cet espoir fut déçu par les événements qui amenèrent la révolution de 1789. A diverses reprises, le matériel des foires, baraquements, échopes, etc., d'une valeur de plus de 25,000 f.,

---

(1) Archives de l'hôtel de ville de Tours.—Registre des délibérations du 11 mars 1782.
(2) De Voglie, *Tableau de la province de Touraine.*

fut employé à construire sur les places publiques des amphithéâtres destinés aux fêtes populaires de la République.

Les marchands se virent alors privés de leurs abris, et les marchés furent complètement désorganisés.

Plus tard, la municipalité songeant à réparer les désordres, porta son attention sur le rétablissement des foires, et sollicita de la Chambre législative un décret qu'elle obtint seulement le 1er avril 1815 (1).

Depuis cette époque les foires et marchés de Tours ne subirent point de modifications; elles se continuèrent à travers le XIXᵉ siècle, avec leur importance et telles que nous les voyons encore actuellement.

(1) *Histoire de Tours*, par le Dʳ Giraudet, tome II, p. 370.

———

IMPRIMÉ

Par BARBOT-BERRUER

à Tours

———

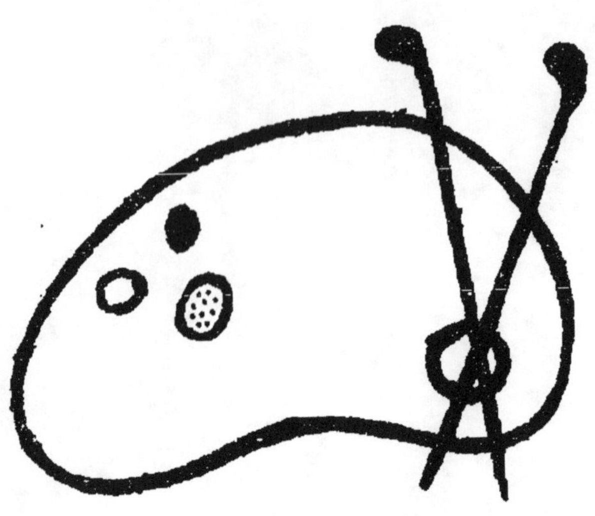

www.ingramcontent.com/pod-product-compliance
Lightning Source LLC
Chambersburg PA
CBHW071644030726
47598CB00005B/2002